48006CB00003B/921

بِسُرْعَةَ بِسُرْعَةَ

تأليف: دنيازاد السعدي

رسم: سحر عبد الله

«اِبْتَعِدوا عَنْ طَريقي... أنا صاروخٌ سَريعٌ... سَأَسْبِقُ الجَميعَ!»، كانَتْ هَذِهِ كَلِماتُ «ميرا» عِنْدَما يُطْلَبُ إِلَيْها أيُّ عَمَل.

«ميرا» تُحِبُّ الإسْراعَ في كُلِّ شَيْءٍ، فَبِسُرْعَةٍ تَأْكُل، بِسُرْعَةٍ تَكْتُب، وتَلْبَسُ ثِيابَها كَأَنَّها تَطير!

في المَدْرَسَة، تَكْتُبُ «ميرا» بِسُرْعَةٍ.

ولَكِن، ما هَذا المَكْتوبُ عَلى الدَّفْتَر؟

كَلِماتٌ طائِرَةٌ فَوْقَ السُّطور، وأُخْرى تَحْتَ السُّطورِ مِثْلَ قِطارِ مَدينَةِ المَلاهي الَّذي يَعْلو ويَهْبِط، فَلا يَفْهَمُ أَحَدٌ مِمّا تَكْتُبُ شَيْئًا.

«ميرا عَزيزَتي، أَعيدي ما كَتَبْتِ إِنَّما بِتَرْتيبٍ وهُدوءٍ»، هَكَذا قالَتْ لَها المُعَلِّمَة.

تَغْضَبُ «ميرا» مِنَ الإعادَة، فَتَمْحو الكَلِماتِ **بِسُرْعَةٍ... بِسُرْعَةٍ!**

الوَرَقَةُ البَيْضاءُ اتَّسَخَتْ وامْتَلَأَتْ بِالثُّقوب، وصارَ عَلى «ميرا» أَنْ تُعيدَ ما كَتَبَتْهُ مِنْ جَديدٍ.

ما إنْ تَسْمَعُ «ميرا» جَرَسَ نِهايَةِ الدَّوامِ المَدْرَسِيّ، حَتّى تَرْمي أَغْراضَها في الحَقيبَة، فَتَنْسى بَعْضَ كُتُبِها ودَفاتِرِها، وتُهَرْوِلُ مُسْرِعَةً لِتَكونَ أَوَّلَ مَنْ يَصِلُ إلى حافِلَةِ المَدْرَسَة.

ولَكِنَّ صَوْتًا يُعيدُها إلى مَكانِها لِتُحْضِرَ ما نَسِيَتْه. إِنَّهُ صَوْتُ المُعَلِّمَةِ بِالتَّأْكيد. فَتَكونُ «ميرا» آخِرَ الواصِلين!

بِسُرْعَةٍ... بِسُرْعَةٍ، تَدْخُلُ «ميرا» إلى البَيْتِ، فَتَرْمِي حَقِيبَتَها وتُبَدِّلُ مَلابِسَها الَّتِي تَطِيرُ عَلى سَرِيرِها وكُرْسِيِّ مَكْتَبِها. أمَّا فَرْدَتا حِذائِها وجَوارِبَها، فَقَدْ تَوَزَّعَتْ في أرْجاءِ الغُرْفَة.

وتَرْكُضُ إلى المَطْبَخِ: «ماما، أنا جائِعَةٌ جِدًّا. أيْنَ طَعامي؟».

«عودي ورَتِّبي ثِيابَكِ كَما عَلَّمْتُكِ، وضَعي حِذاءَكِ في مَكانِهِ، واغْسِلي يَدَيْكِ ووَجْهَكِ ثُمَّ تَعالي وتَناوَلي طَعامَكِ!»، قالَتِ الأُمّ.

تَذْهَبُ «ميرا» إلى غُرْفَتِها مُتَذَمِّرَةً، لِتَفْعَلَ ما طَلَبَتْهُ أُمُّها، وعَصافيرُ بَطْنِها تُزَقْزِقُ مِنَ الجوعِ أكْثَرَ وأكْثَرَ!

وأخيرًا، «ميرا» أمامَ طَبَقِها المُفَضَّل.

جِبالُ المَعْكَرونَةِ تَتَدَلَّى مِنْ فَمِها، وتَسْحَبُها بِصَوْتٍ مُزْعِجٍ كَمَنْ يَشْرَبُ آخِرَ قَطَراتِ العَصيرِ بِقَشَّةٍ

فَجْأَةً، صَوْتُ والِدِها يَعْلو: «ميرا... مِنْ فَضْلِكِ، تَمَهَّلي في الأكْلِ وامْضُغي الطَّعامَ بِهُدوءٍ. وحينَ نُنْهي الغَداءَ ونَرْتاحُ قَليلًا، سَتَذْهَبينَ مَعي لِشِراءِ لُعْبَةِ القِطارِ السَّريعِ الَّتي طَلَبْتِها. ولَكِنْ تَذَكَّري، حينَ تَأْكُلينَ أنْتِ لَسْتِ قِطارًا! ولَنْ آخُذَكِ إلّا إذا رَأيْتُكِ تَكْتُبينَ واجِباتِكِ المَدْرَسِيَّةَ عَلى مَهْلٍ. شَرْطَ ألّا تَكوني بَطيئَةً فَتَتَأخَّري عَنْ مَوْعِدِنا، ولا أنْ تَتَسَرَّعي فَتَكْثُرَ أخْطاؤُكِ في الواجِبات.»

«شُكْرًا بابا. طَبْعًا، سَأفْعَل»، تَصيحُ «ميرا» فَرِحَةً وتَأْكُلُ عَلى مَهْلٍ.

وبَعْدَ ساعَتَيْنِ، أنْهَتْ «ميرا» واجِباتِها المَدْرَسِيَّةَ كَما أوْصاها والِدُها كانتْ «ميرا» مُسْتَعِدَّةً لِلخُرُوجِ. ولَكِنِ، يَبْدو أنَّها نَسِيَتْ شَيْئًا.

بِسُرْعَةٍ بِسُرْعَةٍ، اخْتارَتْ ألوانًا غَيْرَ مُتَناسِقَةٍ، وأدْخَلَتْ أزْرارَ مِعْطَفِها كُلَّ واحِدٍ في مَكانِ الآخَرِ، وكادَتْ أنْ تَخْرُجَ مِنْ غُرْفَتِها لِتَصيح: «بابا، أنا جاهِزَةٌ». وقَبْلَ أنْ تَفْعَلَ ذَلِك، نَظَرَتْ في المِرْآةِ جَيِّدًا وتَمَهَّلَت».

هَذِهِ المَرَّة، لَمْ تَسْمَعْ مَلْحوظَةً مِنْ أحَدٍ، فَقَدْ عَرَفَتْ ما عَلَيْها فِعْلُهُ قَبْلَ أنْ تُطْلَبَ إلَيْها الإعادَة. تَعَلَّمَتْ «ميرا» أنْ تُؤَدِّيَ أعْمالَها بِسُرْعَةٍ مَعْقولَةٍ، فَلا تَتَسَرَّعُ وتُفْسِدُ عَمَلَها، ولا تُبْطِئُ فَتَتَأخَّرُ عَنْ مَواعيدِها مِثْلَ مَوْعِدِها مَعَ والِدِها.

في مَحَلِّ الأَلْعابِ، كانَ قَلْبُها يَقْفِزُ فَرَحًا وهِيَ تَرى البائِعَ يَحْمِلُ عُلْبَةَ القِطارِ الَّذي طَلَبَتْه! ولَكِنْ فَجْأَةً، حينَ لَمَحَتْ عُلْبَةً عَلى أَحَدِ الرُّفوفِ فيها لُعْبَةُ الطّائِرَة، سَأَلَتْ والِدَها: «بابا، أَيُّهُما أَسْرَع، القِطارُ أَمِ الطّائِرَة؟».

«الطّائِرَةُ أَسْرَعُ يا ميرا»، أَجابَ الأَب.

فَكَّرَتْ «ميرا» قَليلًا، ثُمَّ قالَت: «عِنْدَما أَكْبُرُ، سَأَتَعَلَّمُ قِيادَةَ الطّائِراتِ لِأَكونَ قُبْطانَ طائِرَةٍ أَحْمِلُ الرُّكّابَ مَعي وأُوصِلُهُم بِسُرْعَةٍ بِسُرْعَةٍ. ولَكِن، لا تَخَفْ يا أَبي! سَأَكونُ ماهِرَةً في القِيادَة».

حَمَلَتْ «ميرا» قِطارَها وهِيَ تَحْتَضِنُهُ بَيْنَ ذِراعَيْها، ولَكِنَّ سُؤالًا أخيرًا كانَ يَشْغَلُ بالَها: «بابا، ألَيْسَ الصّاروخُ هُوَ الأسْرَع؟!».

«ميرا» أحْلامُها كَبيرَةٌ، وقَدْ تُصْبِحُ حين تَكْبُرُ عَدّاءةً تَفوزُ في سِباقِ الرَّكْضِ. أوْ رُبَّما سَتَكونُ يَوْمًا رائِدَةَ فَضاءٍ.